Knud Eike Buchmann

Das Glück ist etwas Leichtes

SKV-EDITION

Lichtwege

Wohin gehen wir? Welche Wege wählen wir? Es liegt an uns, ob wir dunkle Wege gehen oder einen Pfad des Lichts finden.
Wer Licht in sich trägt, wer lächelt und ein heiteres Wesen pflegt, wird nicht in dunkler Einsamkeit versinken.

Gestaltung

Sinnvolles Leben benötigt Klarheit; vielleicht Struktur. »Ist das wirklich das Leben, das ich führen möchte?« ist eine Frage, die geklärt werden sollte. Auch wenn das Leben vieles für uns entscheiden mag – wir selbst können und müssen unser Leben aktiv, gestaltend genießen und verantworten.

Hoffnung und Sinn

Alle Menschen wollen Hoffnung und Sinn »er-leben«. Es soll noch etwas geben, für das es sich zu leben lohnt – und was ich tue, ist immer ein kleines Werk in einem großen Geschehen. Wo Menschen ihr Leben und das Erhalten alles Lebendigen als Aufgabe verstehen, sind sie gefeit vor der Unsinnigkeit der lärmenden Oberflächlichkeit.

In der Stille sein, in die Tiefe denken, in »überirdische Höhen« fühlen ... Glück. Wir wollen Hoffnung bewahren.

Sich Gutes tun

Wir sind Durstige. Wir dürsten nach Liebe und Zärtlichkeit, aber auch nach allem, was uns gut tut. Gutes Wasser tut uns gut; es ist oft das Löschmittel, wenn die Seele brennt. Wie schön wird ein Glas Wein, nachdem der Durst gestillt ist. Wie gut tut das Lächeln, die herzliche Umarmung, wenn Freundschaft herrscht.

Innerer Frieden

Im inneren Frieden sein; denn Frieden kommt immer von innen. Tage ohne Streit und Ärger wie Perlen auf eine Schnur reihen. Wenn wir Friedlichkeit wollen, können wir im Feuer auch das Licht sehen. Wo wir heilbringend, also positiv sind, werden wir heil.

Zuwendung

Durch Verlust, Verletzung und Ablehnung neigen wir dazu, Barrieren gegen das Leben zu errichten. Wir wollen nicht mehr leiden – aber wir verschließen uns dann auch den Freuden. Wir können lernen, das Leiden zu minimieren und als einen großen Lehrer zu begreifen; denn Leiden und Kummer stärken die Kräfte des Geistes.

Verwandlung

Immer werden wir. Im Mut zur Veränderung liegt der Schlüssel zur Weisheit. Ängste können wir überwinden und in Mut verwandeln. »Verzettelungen« können wir bündeln in konzentrierte Energieströme, die uns ein anderes Gewahrwerden der äußeren und inneren Natur ermöglichen. Wir sind auch, wer wir sein wollen oder können. Verstehen wir doch die wenigen wirklich wichtigen Weisheiten des Lebens.

Klugheit

Den Ego-Verstand, die praktische Intelligenz anbinden an die Klugheit des Herzens, an die innere Stimme der Intuition. Es braucht etwas Geduld, den Einklang dieser beiden Kräfte entstehen zu lassen.

Aber dann sind wir ganz in unserer Mitte.

Beziehungen

In tragfähigen Beziehungen leben; in solchen, die nicht das Spektakuläre wollen, sondern den Alltag zum Fest adeln. Sich wechselseitig nicht aus dem Sinn und Herzen verlieren. Alles tun, damit es dem Partner-freund wohl gehe. Neben den körperlichen eben auch die geistige, spirituelle Beziehung pflegen.
In dem anderen auch das Unvoll-kommene lieben, die »Schwächen« ausgleichen wollen.

Ausstrahlung

Wenn eine Idee, eine Vorstellung in uns »brennt«, will dies nach draußen. Begeisterung, Überzeugung, das innere Leuchten drückt sich in Gefolgschaft aus. Wenn wir entschieden und sicher vorangehen, werden uns viele folgen. Wenn wir von einer Sache wirklich überzeugt sind …

Heilen

In dir, in uns allen steckt eine starke Kraft zur Heilung. Krankheiten spiegeln uns.

Wie uns Gedanken und Gefühle kränken können, können sie uns auch helfen, freundlich mit uns selbst zu sein. Mit den richtigen Worten stehen wir immer vor den Toren des Himmels.

Stille

In die Stille gehen, um Stille zu werden.
Sanft klingen dann leise Melodien der
Selbstzuwendung, wenn ich in mich
hineinspüre und mir Klarheit verschaf-
fe. Lächeln. Stille. Heiterkeit. Alleinzeit.
Ganz bei sich sein.
Nach solchen Zeiten »in der Wüste«
freut sich das Leben in mir wieder auf
das Leben »da draußen«.

Spiel

Das Leben ist nicht Kampf, sondern Spiel. Spiel, das den Gesetzen von Ursache und Wirkung folgt – manchmal! Manchmal auch nicht. Was immer du tust, hat Wirkung. Das ernsthafte Spiel folgt geistigen Regeln der Achtsamkeit und der Liebe.

Wir sind weder Gewinner noch Verlierer – und gerade dadurch dem Glück so nah. Das Glück ist etwas Leichtes – nichts Schweres. Im geglückten Leben sind wir »erleichterte« Heiterkeit.

Sanftmut

Ohne Gewalt, ohne Hass, sanftmütig sein … Die Menschen wollen gewonnen werden; ohne Kampf, mit der Bereitschaft zur Vergebung und in fürsorglicher Anteilnahme am Nächsten und am Fernsten. Den anderen in seiner Sanftmut stärken, ihm die Beziehung zu Menschen verbessern helfen.

Reisen

Unterwegs sind wir immer.
Reisen heißt Abschiednehmen,
bedeutet, etwas hinter sich zu
lassen. Diese Lebendigkeit des
Unterwegsseins erfordert, dass
wir unsere Vergangenheit re-
spektieren – aber nicht zum
Schicksal werden lassen.
Wenn wir wieder für Neues
offen sind, werden wir reich
beschenkt mit dem Glück
neuer, tiefer, vielleicht sogar
spiritueller Erfahrungen.

Glück

Die sanfte Kunst, sich leicht zu bewegen, und die hohe Kunst des Berührtseins sind Wege zum tiefen Lebensgenuss.
Wo Liebe und Schönheit »fassbar« werden, ist Glück. Wir können es ergreifen.

VISA

Weisheit

Bewahren wir das uralte Wissen der großen Lebensmeister. Ihre Gedanken sind der Schmuck des täglichen Lebens.
Ihre Weisheiten zeigen uns oft den Weg auf. Aber sammeln wir nicht Wegweiser, gehen wir! Man kann den Weg zur Reife, zur Weisheit und Wahrheit nicht fertig übernehmen; man muss ihn selber entdecken. Niemand kann ihn für uns gehen – und keiner sollte ihn uns ersparen.

Gelassenes Lächeln

Die scheinbar unlösbaren Widersprüche unserer eigenen Natur lösen sich unter der Kunst des Loslassens. Was nicht so sein muss, wie wir's gern hätten, gewinnt eine andere, reichere Dimension – eine andere Gültigkeit.
Große Probleme können sich so in Nichtigkeiten auflösen. Lassen wir die Überspanntheit unseres Geistes fahren – lauschen wir auf die kluge Stimme unseres Körpers.

Lassen wir zu, was ist und was sein wird.
Lassen wir uns ein in den Tanz der Dinge
– und wir werden die Geschenke der
Schönheit, der Stille, der Heiterkeit und
des inneren Friedens finden.

Hören

Auf die innere Stimme lauschen, wenn man still geworden ist. Wir benötigen nicht unbedingt den äußeren Meister; denn der innere Meister ist in uns. Er weist den Weg. Und deutet uns das Leben, wenn wir loslassen und lächeln. Wie ein Garten erblüht.

Schönheit

Umgeben wir uns mit den schönen Dingen der Welt, genießen wir das Licht, schwelgen wir in den Melodien, die uns anrühren. Unser Befinden lächelt, wir atmen tiefer, und mit allen Sinnen umschmeicheln wir das Hehre. Wenn uns das Schöne, Ästhetische umgibt, sind wir gegen alle Widrigkeiten gut geschützt.

Bildnachweis:
Umschlagbild: U. Schneiders
Innenbilder: S. 3, 5, 7, 26, 32: E. Hennig; S. 6, 15: IFA-Bilderteam; S. 8/9: Popp&Hackner; S. 10, 27: G. Weissing; S. 11, 20: E. Tomm; S. 12, 33: Hurlebaus/ E. Geduldig; S. 13, 21: W. Rauch; S. 16, 38/39: H. Baumann; S. 17: R. Balzerek; S. 18/19, 22, 36: Ch. Palma; S. 23, 31: R. Blesch; S. 25, 40: J. Jämsén; S. 28/29, 43: Nägele/IFA-Bilderteam; S. 30, 41: Photo Press/Rutel; S. 35: W. Stettmeier; S. 37: G. Gölz; S. 42: R. Kohlrusch; S. 45: U. Schneiders

Bibliografische Information Der Deutschen Bibliothek
Die Deutsche Bibliothek verzeichnet diese Publikation in der Deutschen Nationalbibliografie; detaillierte bibliografische Daten sind im Internet über http://dnb.ddb.de abrufbar.

ISBN 3-8256-4810-9
Bestell-Nr. 94810

Gesamtherstellung:
St.-Johannis-Druckerei, Lahr/Schwarzwald
Printed in Germany 109521/2003